Abner Bueno

Eu Minha Ansiedade e Deus

Penkal
TUDO EM LIVROS, LIVROS PARA TODOS.

Eu Minha Ansiedade e Deus

Direção Geral
Adriel Ribeiro Penkal
Coordenador Editorial
Cristiano Braz Jorgini
Giovanna Felipe
Coordenador de Diagramação
Rebeca Massaro de Lima
Assistente Editorial
Isabelle S. Alves
Projeto Gráfico
Felippe Souza
Diagramação
Felippe Sousa
Capa
Hendrick Ventura

ISBN: 978-65-277-0168-2

Esta obra foi desenvolvida pela Editora Penkal.

R. Antônio Sabino, 203 - Parque Industrial - Ibiporã - PR
www.livrariasfamiliacrista.com.br

Sumário

Apresentação

A ansiedade, essa companheira indesejada, invade nossos dias com medos e incertezas. Ela pode nos levar a perder o sono, a confiança e, muitas vezes, a esperança. Em uma sociedade que exige tanto de nós, como encontrar paz em meio a tanta pressão? Neste livro, você é convidado a explorar como os grandes personagens bíblicos, assim como você, enfrentaram a ansiedade em suas jornadas, e como encontraram em Deus o refúgio e a força para vencer.

De Moisés a Jeremias, de Ester a Paulo, vemos que a ansiedade não é um obstáculo moderno, mas uma parte da experiência humana desde o princípio. Mas, em cada relato, há uma lição: o descanso não vem da ausência de problemas, mas da confiança em Deus, que nos acompanha em cada passo da caminhada.

Este livro não promete fórmulas mágicas ou soluções instantâneas, mas oferece uma jornada de fé e reflexão. Através de 15 capítulos, você será levado a entender como a presença divina pode transformar nossa maneira de lidar com os "e se" da vida, as responsabilidades esmagadoras e os medos profundos.

Que esta leitura seja um convite ao alívio e à entrega, para que você possa descansar em Deus, confiando que ele está ao seu lado, guiando cada decisão, acalmando cada tempestade. Porque, no fim, a verdadeira paz não está em controlar tudo, mas em confiar naquele que tem tudo sob controle

Introdução

Ansiedade. Uma palavra tão pequena, mas que pode pesar tanto na alma. Ela chega de repente, como um convidado indesejado, preenchendo nossos pensamentos com dúvidas, medos e incertezas. Às vezes, é uma tempestade que nos tira o sono, nos faz sentir como se estivéssemos presos em um ciclo sem fim de preocupações. Outras vezes, ela é silenciosa, sutil, uma tensão constante que nos acompanha em cada passo do dia. Mas o que fazer quando esse sentimento se torna um companheiro tão frequente?

Eu não sei como você chegou até este livro. Talvez você esteja enfrentando um período de turbulência, ou talvez a ansiedade seja uma presença constante em sua vida. O que posso te dizer é que você não está sozinho. A ansiedade não é algo novo; ela faz parte da experiência humana desde os tempos antigos. Até mesmo os grandes personagens da Bíblia enfrentaram momentos de profunda angústia, medo e dúvida. E é justamente nessas histórias que encontramos reflexões poderosas para lidar com nossas próprias batalhas.

Este livro é um convite para você. Um convite para explorar não apenas o que a ansiedade é, mas como podemos enfrentá-la com Deus ao nosso lado. Vamos caminhar juntos por 15 capítulos, mergulhando em relatos bíblicos e em ensinamentos que trazem à tona a humanidade desses personagens. Vamos conhecer seus conflitos, seus "e se", suas fraquezas, e, principalmente, como eles encontraram em Deus a força para superar suas limitações.

Quero que este livro seja como uma conversa franca e acolhedora, como um amigo que se senta ao seu lado para ouvir, compreender e, acima de tudo, trazer esperança. A ansiedade nos faz pensar que estamos sozinhos em nossas lutas, mas Deus nos mostra, através de sua Palavra, que ele está conosco em cada passo, em cada dia difícil, em cada momento de dúvida. Ele nos oferece descanso, não ao ignorarmos a realidade da ansiedade, mas ao colocarmos nossa confiança em sua soberania e em sua graça.

Vamos falar sobre os medos que nos assombram, as expectativas que colocamos em nós mesmos, as pressões da vida e o desejo incessante de controlar tudo. Vamos olhar para as rachaduras em nossos vasos de barro e descobrir que é justamente nelas que a luz de Deus pode brilhar mais forte. Vamos aprender a entregar nossos "e se" nas mãos daquele que conhece o começo, o meio e o fim de todas as coisas.

Este não é um manual com fórmulas mágicas para acabar com a ansiedade. Ao invés disso, é um guia para nos ajudar a navegar pelas tempestades, reconhecendo que nossa paz não está na ausência de problemas, mas na presença de Deus. Porque, no final, a resposta à ansiedade não é encontrada em nossas próprias forças, mas na compreensão de que, quando somos fracos, então é que somos fortes

– porque a graça daquele que nos ama incondicionalmente é suficiente para nos sustentar.

Se você, assim como eu, já se sentiu sobrecarregado pelas expectativas, pelas dúvidas, pelas lutas internas, então vamos caminhar juntos. Que esta leitura possa trazer alívio ao seu coração, consolo à sua alma e uma nova perspectiva para lidar com a ansiedade. A jornada não será sobre eliminar a ansiedade de vez, mas sobre aprender a vivê-la na companhia de Deus, descansando em sua soberania e graça.

Capítulo 1: A tempestade interior

A ansiedade é como uma tempestade que se forma lentamente. Primeiro, começa como uma brisa leve de preocupação – um sussurro que ronda os pensamentos. Mas, de repente, as nuvens escuras se acumulam, e o vento fica mais forte, arrastando consigo qualquer vestígio de calma. Já sentiu isso? É como se você estivesse em um barco pequeno, cercado por ondas gigantescas, enquanto tenta remar sem rumo. A sensação é sufocante, os pensamentos correm desordenadamente, e o coração dispara como se estivesse em uma corrida de obstáculos.

A Bíblia nos fala sobre Davi, um homem segundo o coração de Deus, mas que enfrentou suas próprias tempestades. Imagine estar constantemente fugindo para salvar a própria vida. Davi se viu num cenário onde a ansiedade era inevitável. Ele corria para esconder-se em cavernas, sempre olhando por cima do ombro, tentando antecipar o próximo movimento de Saul. Não é exatamente o que a ansiedade faz conosco? Nos coloca em um estado de alerta constante, como se o perigo estivesse à espreita.

Nosso amigo Davi conhecia muito bem esse sentimento. Em Salmos, ele desabafa suas angústias, como em um diário íntimo com Deus. "Lançando sobre Ele toda a vossa ansiedade," ele nos diz (1 Pedro 5:7). Mas, como assim, Davi? Não é tão simples jogar toda a preocupação para fora do barco e esperar que ela afunde nas profundezas do mar. Parece que, quanto mais tentamos nos livrar dela, mais ela se agarra ao casco da nossa mente.

A ansiedade, muitas vezes, é como um alarme incessante que toca sem parar. Você até tenta desligá-lo, mas ele volta a soar, perturbando a paz. Ah, como seria bom se houvesse um botão mágico para desligar todos esses pensamentos! Mas, na realidade, somos convidados a fazer algo diferente. Assim como Davi corria para Deus, nós também podemos. Ele encontrou em Deus seu esconderijo seguro, sua caverna de paz em meio à perseguição.

Talvez, a tempestade não pare de repente. Os ventos da ansiedade não cessam com um estalar de dedos. Mas, há algo profundo no meio dessa tormenta. E se a ansiedade estivesse apontando para algo que precisamos entregar? Davi, em seus momentos mais escuros, deixou seu orgulho de lado e reconheceu sua dependência de Deus. Quem diria que a ansiedade, esse incômodo gigante, poderia ser uma oportunidade de nos lembrarmos que não estamos sozinhos no barco?

Deus não promete que as tempestades nunca virão, mas Ele promete que estará conosco nelas. Lembre-se, Jesus estava no barco com os discípulos quando a tempestade surgiu. Eles, em pânico, o acordaram: “Mestre, não te importa que pereçamos?” (Marcos 4:38). E Jesus, com toda serenidade, repreendeu o vento: “Aquieta-te!” Ah, que cena! Um contraste gritante entre o caos e a calma.

A questão é: estamos acordando Jesus em meio à nossa tempestade ou estamos tentando lidar com ela sozinhos? Davi sabia que, ao correr para Deus, encontrava um lugar seguro. Era como se, ao entrar em oração, ele entrasse em uma caverna de paz, um refúgio que o mundo não podia oferecer. E ali, ele entregava cada preocupação, uma a uma, aos cuidados do Senhor.

Então, como lidar com essa tempestade interior? Não se trata de fingir que ela não existe ou de tentar "ser forte" o tempo todo. Há força em reconhecer nossa fragilidade. É nesse momento, quando admitimos que o barco está balançando demais para nossos braços frágeis, que a mão poderosa de Deus nos alcança. Como Davi, precisamos aprender a lançar nossa ansiedade sobre Deus, não porque ela desaparece magicamente, mas porque Deus se importa conosco. Isso muda tudo.

Quando pensamos em "lançar" algo, não é um movimento suave. É uma ação intencional, quase violenta. Lançar a ansiedade sobre Deus é como jogar uma pedra num lago. Ela afunda, cria ondas, mas desaparece sob as águas. Nossos pensamentos ansiosos, quando entregues a Deus, também se dissipam. Eles podem tentar emergir novamente, mas ao lançar, estamos dizendo: "Eu confio em ti, Senhor."

Ah, e o silêncio que se segue? Não é um silêncio de ausência, mas de presença. É Deus no barco conosco, acalmando o vento que sopra furioso em nossa mente.

Davi encontrou descanso na certeza de que Deus cuidava dele, mesmo quando tudo parecia perdido.

Talvez, a ansiedade nunca desapareça completamente – essa é a ironia da vida! Contudo, ao entregá-la repetidas vezes nas mãos do Pai, ela perde o poder de nos controlar. Davi descobriu que, mesmo em meio às cavernas, Deus estava lá, guiando-o, protegendo-o, moldando-o. E se a ansiedade for apenas um lembrete de que precisamos de um refúgio maior do que nós mesmos?

O som da tempestade pode até continuar, mas, em meio ao caos, escutamos uma voz suave e firme: "Eu estou contigo." Como a presença de um farol em alto mar, essa voz nos guia para o porto seguro. Davi sabia disso, e nós também podemos aprender. A tempestade pode até não cessar imediatamente, mas sabemos que aquele que acalma os mares está conosco no barco. E isso faz toda a diferença.

Capítulo 2: A busca pelo controle

Ah, o controle... Como ele nos escapa pelos dedos como areia fina! Há algo dentro de nós que quer ter tudo sob controle, cada detalhe da vida em perfeita ordem. Porém, quando a realidade não obedece aos nossos planos, a ansiedade se instala, como um hóspede indesejado. Já aconteceu com você? Planejar tudo e, de repente, ver tudo sair dos trilhos?

O Evangelho de Lucas nos apresenta Marta, uma mulher que conhecia bem essa sensação. Marta era o tipo de pessoa que precisava ter tudo nos conformes. Jesus chegou em sua casa, e ela imediatamente entrou em ação: correu para a cozinha, preparou a mesa, cuidou dos detalhes. Enquanto isso, sua irmã Maria se sentou aos pés de Jesus, ouvindo as palavras do Mestre. Que contraste! Marta ocupada, preocupada, cheia de ansiedade. Maria, por outro lado, estava tranquila, ouvindo e desfrutando da presença de Jesus (Lucas 10:38-42).

Marta olhou para Maria e, em sua mente, o caos começou. "Como ela pode ficar aí sentada enquanto eu cuido de tudo? Isso não é justo!" Você já esteve lá? Quando as coisas parecem fora de controle e você se sente sobrecarregado, é fácil olhar ao redor e comparar. Marta estava fazendo o que achava certo – servindo a Jesus – mas, por dentro, a ansiedade a consumia. Ela precisava que tudo estivesse perfeito.

Então, Marta fez o que muitos de nós fazemos: ela tentou envolver Jesus em sua ansiedade. "Senhor, não te importas que minha irmã tenha me deixado sozinha para servir? Diga-lhe que me ajude!" (Lucas 10:40). Lá estava ela, tentando controlar a situação, até mesmo ditando ao próprio Jesus o que fazer. Que ironia! Aquele que controla os céus e a terra agora era convocado para consertar a pequena bagunça de Marta.

A resposta de Jesus foi surpreendentemente calma. "Marta! Marta! Você está preocupada e inquieta com muitas coisas; todavia apenas uma é necessária. Maria escolheu a boa parte, e esta não lhe será tirada" (Lucas 10:41-42). Que palavras poderosas! Marta queria tudo sob controle, mas Jesus lhe mostrou que, na verdade, só uma coisa era necessária: estar com ele.

Essa cena é tão reveladora, não é? Marta estava ocupada tentando organizar o caos ao seu redor, mas o verdadeiro caos estava dentro dela. sua mente era um turbilhão de pensamentos, uma tempestade de "e se?" e "por que não?". A ansiedade havia tomado conta porque ela queria que tudo acontecesse de acordo com seu plano. No entanto, Jesus a lembrou de que estar aos seus pés era mais importante do que ter tudo sob controle.

Quantas vezes fazemos o mesmo? Corremos de um lado para o outro, preocupados com os detalhes da vida, tentando garantir que tudo saia conforme planejado. Mas, no fundo, sabemos que há um limite para o nosso controle. É como tentar segurar a água com as mãos. Não importa o quanto apertemos, sempre escapa. E é aí que a ansiedade cresce.

Olhando para Marta, aprendemos que a verdadeira paz não vem de ter tudo sob controle, mas de saber quem está no controle. Jesus não repreendeu Marta por seu serviço; ele apenas mostrou que sua prioridade estava invertida. A ansiedade é uma espécie de alarme, um sinal de que estamos tentando segurar algo que não fomos feitos para controlar. É como um carro deslizando na pista molhada – quanto mais você tenta corrigir, mais descontrolado ele fica.

E se, ao invés de tentar controlar cada detalhe, aprendêssemos a confiar em Deus? A ansiedade de Marta era alimentada pelo desejo de ter a aprovação de Jesus por meio de suas ações. Ela queria mostrar que estava fazendo o certo, que estava no comando. Mas Jesus mostrou que ele não estava interessado no desempenho; ele estava interessado na presença.

Há uma verdade difícil de engolir: a maioria das coisas na vida está fora do nosso controle. O futuro, as reações das pessoas, os resultados dos nossos esforços – nada disso está em nossas mãos. Marta precisava ouvir isso, e nós também. Jesus estava no comando daquela casa, assim como está no comando da nossa vida. A ansiedade se dissipa quando reconhecemos que o verdadeiro controle pertence a ele.

Imagine um barco à deriva em meio a uma tempestade. A ansiedade é como tentar remar contra o vento, com todas as forças, enquanto as ondas parecem cada vez mais altas. Mas, quando deixamos Jesus assumir o leme, percebemos que não precisamos controlar a direção do vento. Nosso papel é confiar na mão que segura o timão.

A resposta de Jesus a Marta ecoa até hoje: "Uma só coisa é necessária." E essa coisa é estar com ele, ouvir sua voz, descansar em sua presença. Quando fazemos isso, a tempestade dentro de nós se acalma. A ansiedade perde a força, não porque as circunstâncias mudaram, mas porque nosso foco mudou. Não estamos mais tentando controlar as ondas; estamos confiando no Mestre do mar.

Ah, Marta! Você não sabia que Jesus já estava no controle da situação? Nós, assim como ela, precisamos aprender essa lição repetidamente. A vida vai trazer desafios, reviravoltas e momentos em que queremos assumir o controle a qualquer custo. Mas, nesses momentos, podemos escolher: correr de um lado para o outro como Marta ou sentar aos pés de Jesus como Maria.

Então, da próxima vez que a ansiedade começar a surgir, lembre-se dessa cena. Jesus está em sua casa, e ele não está impressionado com o caos ou com o controle que você tenta manter. Ele quer você – sua presença, sua entrega, sua confiança. Ao se aproximar dele, você encontrará descanso, mesmo quando tudo ao seu redor parecer fora de controle. Afinal, ele é o único que realmente controla todas as coisas. E saber disso é o começo do fim da nossa ansiedade.

Capítulo 3: Quando o futuro assusta

O futuro... Ah, esse grande desconhecido que nos faz tremer nas bases. Pensar no que está por vir é como olhar para um vasto mar à noite, sem conseguir enxergar o que há adiante. Não sabemos o que vamos encontrar, e isso nos enche de ansiedade. É como um filme que vai se desenrolando em nossa mente, com roteiros que quase sempre terminam em tragédia. Parece exagero? Pois é assim que nossa mente trabalha quando o medo do futuro se instala.

Há uma história poderosa na Bíblia sobre isso. Lembra de Moisés? Aquele homem chamado para uma tarefa impossível: libertar o povo de Israel do Egito. Moisés estava vivendo sua vida tranquilamente como pastor de ovelhas quando Deus o chamou para uma missão assustadora. O cenário era o seguinte: uma sarça ardente no meio do deserto. Deus fala a Moisés e o convoca para ir até Faraó e libertar Seu povo (Êxodo 3-4). E a primeira reação de Moisés? Ansiedade. "Quem sou eu para ir a Faraó e tirar os filhos de Israel do Egito?" (Êxodo 3:11). Moisés olhou para o futuro e viu um mar de incertezas.

Não é assim conosco também? Deus nos chama para novas jornadas – um novo emprego, um relacionamento, uma mudança de cidade, ou até mesmo uma simples decisão do dia a dia – e a ansiedade vem como um furacão. "E se não der certo? E se eu falhar? E se não for capaz?" Nossa mente começa a construir cenários catastróficos, como um artista pintando uma tela cheia de tons sombrios.

Moisés tinha muitos motivos para temer. Ele sabia que Faraó era poderoso, e que o povo poderia não acreditar nele. Ele se via pequeno, incapaz. "E se eles não acreditarem em mim?" – essa foi uma das perguntas que Moisés fez a Deus (Êxodo 4:1). Ah, os "e se"! São os maiores aliados da ansiedade. É como tentar remar um barco enquanto uma tempestade se aproxima. A cada onda que se forma, a ansiedade cresce. O futuro é assustador quando não sabemos o que nos espera.

Mas então, Deus responde a Moisés com algo que mudou tudo: "Eu serei contigo" (Êxodo 3:12). Que resposta simples e poderosa! Deus não deu a Moisés um manual detalhado do que aconteceria, nem garantiu que tudo seria fácil. Ele apenas prometeu sua presença. E é aqui que a ansiedade começa a se dissolver: não em ter todas as respostas, mas em saber Quem está conosco no caminho.

É como estar em um labirinto escuro e, de repente, segurar a mão de alguém que conhece cada curva e cada caminho. A ansiedade nos faz querer ter certeza de tudo, mas Deus nos convida a confiar. Ele é o farol que ilumina nosso caminho, mesmo quando o mar parece revolto.

Moisés, porém, ainda não estava convencido. Ele continuou a apresentar suas inseguranças a Deus. "Eu nunca fui eloquente... sou pesado de boca e pesado de língua" (Êxodo 4:10). Ele olhava para suas limitações e via um futuro cheio de falhas. Não somos diferentes. Olhamos para nós mesmos, nossos medos, nossas fraquezas, e pensamos: "Não sou capaz de enfrentar o que está por vir." A ansiedade faz isso conosco; ela nos cega para quem Deus é e nos faz focar em quem não somos.

Mas Deus respondeu a Moisés com outra pergunta: "Quem fez a boca do homem? Quem faz o mudo, ou o surdo, ou o que vê, ou o cego? Não sou Eu, o Senhor?" (Êxodo 4:11). Essa resposta é um lembrete poderoso de que não importa como nos vemos, mas como Deus nos vê. Ele nos conhece em nossos detalhes, nossas habilidades e incapacidades, e nos capacita para aquilo que ele nos chama a fazer.

A ansiedade sobre o futuro surge quando pensamos que precisamos ter tudo sob controle. Queremos garantias, queremos saber exatamente o que vai acontecer e, quando não conseguimos ver isso, ficamos aterrorizados. Mas Deus nos convida a olhar para ele, o Autor e Consumador de nossa fé (Hebreus 12:2). Ele não nos revela todo o roteiro do futuro, mas Ele nos dá a promessa de Sua presença em cada passo.

Moisés, finalmente, se rendeu. Não porque de repente se sentiu capaz, mas porque entendeu que não estava indo sozinho. "Eu serei com a tua boca e te ensinarei o que deves falar" (Êxodo 4:12). O futuro ainda era incerto, os perigos eram reais, mas a presença de Deus era o que faria a diferença.

Quando o futuro assusta, nossa reação natural é tentar encontrar segurança em nossos próprios recursos. Queremos ter o plano perfeito, a solução para todos os problemas. Mas, assim como Moisés, precisamos aprender que a paz verdadeira não vem do que sabemos, mas de quem nos acompanha. A ansiedade se alimenta da incerteza, mas a confiança se alimenta da presença de Deus.

Pense no futuro como um grande oceano. Você não sabe o que há debaixo daquelas águas escuras, nem o que encontrará quando chegar à outra margem. A ansiedade faz você tentar remar freneticamente, gastando todas as suas forças. Mas Deus está no barco. Ele sabe o caminho. Ele é o Capitão que conhece cada correnteza, cada tempestade, e nos guia com segurança.

Portanto, quando o futuro assustar e os "e se" começarem a gritar na sua mente, lembre-se de Moisés. Lembre-se de que Deus não precisa que você tenha todas as respostas, nem que você seja perfeito. Ele precisa apenas que você confie. E à medida que você faz isso, a ansiedade começa a perder seu poder. O futuro pode ser desconhecido, mas Deus é conhecido. Ele é o mesmo ontem, hoje e para sempre (Hebreus 13:8).

Deixe que essa verdade acalme seu coração. Sim, haverá momentos em que o medo surgirá, e a ansiedade tentará tomar o controle. Mas é nesses momentos que você pode escolher lembrar que Deus está no barco com você. Como um farol em meio à escuridão, ele ilumina o caminho. Você não precisa saber de tudo. Você só precisa saber que Ele está contigo.

Capítulo 4:
Entre a fé e o medo

Ah, o medo... Ele vem sorrateiro, como uma sombra que cresce e se espalha, tomando conta de nossos pensamentos. Quando ele se instala, a ansiedade faz morada. É como estar em um vale escuro, onde os ecos dos "e se?" ressoam de todas as direções. É natural sentir medo. Todos nós já estivemos lá, naquele momento entre a fé e o medo, onde a confiança vacila e a mente se enche de dúvidas. Mas, e se eu te disser que é exatamente nesses momentos que a fé pode florescer?

A Bíblia nos apresenta a história de Gideão, um homem comum, inseguro, mas chamado para uma missão extraordinária. Quando os israelitas estavam sendo oprimidos pelos midianitas, Deus escolheu Gideão para liderar uma revolta e libertar seu povo (Juízes 6). Só que Gideão não se sentia à altura da tarefa. Medo, insegurança e ansiedade – tudo isso estava ali, no coração de Gideão.

Imagine só: Deus aparece a ele e diz: "O Senhor é contigo, homem valente!" (Juízes 6:12). E qual foi a resposta de Gideão? Um mar de dúvidas e questionamentos: "Se o Senhor é conosco, por que tudo isso nos sobreveio? E onde estão todas as suas maravilhas...?" (Juízes 6:13). É como se Gideão dissesse: "Deus, olha a situação ao meu redor! Como posso acreditar em algo bom no meio desse caos?" A ansiedade e o medo estavam tão enraizados em seu coração que ele não conseguia enxergar o que Deus via.

Nós fazemos o mesmo, não é? Diante dos desafios, das incertezas, da pressão, a ansiedade se mistura com o medo, e a fé começa a vacilar. É como se estivéssemos andando numa corda bamba, tentando equilibrar a fé e o medo ao mesmo tempo. Gideão sabia exatamente como era estar nessa posição. Ele olhou para suas limitações e viu apenas fraqueza. "Minha família é a mais pobre em Manassés, e eu sou o menor na casa de meu pai" (Juízes 6:15).

Ah, quantas vezes olhamos para nós mesmos e pensamos: "Eu não sou forte o suficiente para enfrentar isso." A ansiedade se alimenta desse tipo de pensamento, fazendo com que a nossa fé se encolha. No entanto, é aqui que a história de Gideão dá uma reviravolta. Deus responde a ele com uma verdade poderosa: "Certamente Eu serei contigo, e ferirás os midianitas como se fossem um só homem" (Juízes 6:16).

Deus não estava dizendo que Gideão, por si só, era capaz. Ele estava dizendo que, com Sua presença, Gideão poderia superar qualquer obstáculo. É como estar em um quarto escuro e, de repente, acender uma vela. A luz não afasta automaticamente todas as trevas, mas permite que você veja por onde está caminhando. A presença de Deus na nossa vida faz isso – ilumina os passos à nossa frente e nos dá coragem para seguir em frente, mesmo quando o medo está gritando em nossos ouvidos.

Gideão ainda estava lutando entre a fé e o medo. A ansiedade não se dissipou de uma hora para outra. Ele pediu sinais a Deus. Primeiro, o sinal da lã molhada e o chão seco. Depois, o oposto: a lã seca e o chão molhado (Juízes 6:36-40). Isso é tão humano, não é? Queremos garantias. Queremos saber que, quando dermos o próximo passo, tudo vai dar certo. A ansiedade nos leva a buscar segurança em coisas visíveis, palpáveis.

Mas, mesmo assim, Deus teve paciência com Gideão. Ele não o repreendeu por seus medos. Ao invés disso, Deus atendeu aos seus pedidos, mostrando que ele estava presente e no controle. Deus sabia que Gideão estava tentando encontrar o equilíbrio entre a fé e o medo, e o conduziu com graça. Isso nos mostra que Deus não espera uma fé perfeita. Ele sabe que, muitas vezes, a fé e o medo caminham lado a lado em nosso coração.

E então, algo incrível acontece. Quando Gideão finalmente confia e parte para a batalha, Deus o surpreende. Ao invés de usar um grande exército, Deus reduz os guerreiros de Gideão para apenas trezentos homens (Juízes 7:7). Que ironia! Justo quando o medo diz que precisamos de mais, Deus nos mostra que Ele é suficiente. A ansiedade nos faz querer ter todas as ferramentas, toda a segurança do mundo. Mas Deus nos convida a confiar nele mesmo quando tudo parece pouco, frágil, improvável.

No final, Gideão e seus trezentos homens venceram os midianitas. A vitória não veio da força humana, mas da confiança em Deus. Isso não significa que o medo não estava ali. Certamente, havia dúvidas, ansiedade, momentos de incerteza. Mas Gideão escolheu seguir, mesmo tremendo. E essa é a essência da fé: não é a ausência de medo, mas a decisão de avançar apesar dele.

Então, o que podemos aprender com Gideão? Primeiro, que a ansiedade e o medo não nos desqualificam. Deus não nos escolhe porque somos corajosos e confiantes; Ele nos escolhe porque deseja se mostrar forte em nossa fraqueza. A ansiedade tenta nos paralisar, dizendo que somos pequenos demais, fracos demais. Mas Deus olha para nós e diz: "Eu sou contigo, homem/mulher valente."

Entre a fé e o medo, somos chamados a fazer uma escolha. Não se trata de eliminar o medo de vez, mas de decidir em quem vamos confiar. Vamos confiar na narrativa da ansiedade, que diz que somos incapazes e que tudo vai dar errado? Ou vamos confiar no Deus que nos chama, nos capacita e nos acompanha em cada passo?

Assim como Gideão, podemos pedir sinais, clamar por ajuda e reconhecer nossas fraquezas. Deus não nos rejeita por isso. Pelo contrário, ele se revela em nossa vulnerabilidade, mostrando que o seu poder se aperfeiçoa na fraqueza (2 Coríntios 12:9). A fé não é sobre ter todas as respostas ou uma certeza inabalável. É sobre confiar em Deus mesmo quando o futuro é incerto e as ondas do medo ameaçam nos engolir.

Quando o medo tentar te empurrar para trás, lembre-se de Gideão. Lembre-se de que Deus é maior do que qualquer situação que você enfrente. Entre a fé e o medo, você pode escolher ouvir a voz do Senhor que diz: "Eu serei contigo." E essa verdade é suficiente para transformar qualquer vale escuro em um caminho de vitória. A ansiedade pode até gritar, mas a voz de Deus sussurra mais forte: "Não temas, pois Eu sou contigo."

Capítulo 5: A espera que consome

Esperar. Quem gosta de esperar? A espera pode ser como uma gota d'água que, incessantemente, cai sobre a mesma pedra. No início, parece insignificante, mas com o tempo, ela cria uma marca profunda. A ansiedade, quando se mistura com a espera, torna-se um peso que carrega consigo frustrações, incertezas e, por vezes, até uma sensação de abandono. A espera consome a mente como um fogo lento e ardente, queimando esperanças e jogando cinzas sobre nossos sonhos.

Ana conhecia bem esse sentimento. Sua história é uma das mais emocionantes da Bíblia. Ana queria ter filhos, mas era estéril. Dia após dia, ela vivia a tristeza de ver seu desejo ser frustrado. Para piorar, a outra esposa de seu marido, Penina, a provocava cruelmente, rindo da sua situação (1 Samuel 1). A Bíblia diz que "Ana, com amargura de alma, orou ao Senhor e chorou muito" (1 Samuel 1:10). Sua espera não era apenas uma contagem de dias; era uma batalha interior, um enfrentamento constante com a própria ansiedade.

Você já se sentiu assim? Como se estivesse esperando por algo que parece nunca acontecer? Pode ser um sonho, uma resposta de Deus, um alívio para uma situação difícil. A espera se alonga, e o tempo se torna um inimigo, um lembrete cruel de que as coisas não estão do jeito que gostaríamos. É nesse ponto que a ansiedade encontra um terreno fértil. Ela sussurra em nossos ouvidos: "E se isso nunca acontecer? E se Deus não se importar?"

Ana estava nesse ponto. Em sua dor, ela se dirigiu ao templo e derramou seu coração diante de Deus. Sua oração não era cheia de palavras bem elaboradas. Pelo contrário, era um grito silencioso de sua alma. Seus lábios se moviam, mas nenhum som saía. O sacerdote Eli, vendo-a, pensou que ela estivesse embriagada (1 Samuel 1:13). Que ironia! Às vezes, nossa angústia é tão profunda que os outros não conseguem entender.

No entanto, foi ali, naquele lugar de profunda dor e ansiedade, que algo mudou. Ana fez um voto ao Senhor: "Ó Senhor dos Exércitos, se verdadeiramente atentares para a aflição da tua serva, e de mim te lembrares, e não te esqueceres da tua serva, mas lhe deres um filho homem, ao Senhor o darei todos os dias da sua vida" (1 Samuel 1:11). Ana, em meio à sua espera, encontrou a força para entregar o seu desejo a Deus.

Isso é poderoso. A ansiedade se alimenta da nossa tentativa de controle. Quanto mais queremos segurar as rédeas da situação, mais a espera se torna insuportável. Mas Ana nos mostra que, ao entregar o nosso anseio a Deus, a espera se transforma. Não significa que o tempo vai acelerar, nem que a resposta virá imediatamente. Significa que, ao confiar a Deus aquilo que mais desejamos, a ansiedade perde seu poder. É como se colocássemos um peso em suas mãos e, de repente, nosso coração se alivia, mesmo que a espera continue.

Depois dessa oração, algo curioso aconteceu. Eli, o sacerdote, abençoou Ana, dizendo: "Vai em paz, e o Deus de Israel conceda a tua petição que lhe fizeste" (1 Samuel 1:17). E a Bíblia diz que Ana "foi o seu caminho, e comeu, e o seu semblante já não era triste" (1 Samuel 1:18). Que mudança! A situação de Ana ainda não tinha mudado. Ela ainda não estava grávida. A espera continuava. Mas havia algo diferente: ela havia entregado a ansiedade nas mãos de Deus.

A espera é, muitas vezes, um teste de fé. Enquanto esperamos, a ansiedade tenta nos dominar, fazendo-nos questionar: "Será que Deus se esqueceu de mim?" Ana nos mostra que é possível transformar esse tempo de espera em um tempo de entrega. Ao lançar nossas preocupações diante do Senhor, encontramos paz, mesmo quando a resposta ainda não chegou. É como um agricultor que planta uma semente e espera, pacientemente, que ela cresça. Ele não pode acelerar o processo, mas sabe que o crescimento depende de algo maior do que ele mesmo.

E então, um milagre aconteceu. Ana concebeu e deu à luz a um filho, a quem chamou de Samuel, que significa "pedido ao Senhor" (1 Samuel 1:20). Sua espera não foi em vão. Mas o mais incrível é que, mesmo recebendo a bênção tão desejada, Ana cumpriu seu voto. Quando Samuel foi desmamado, ela o levou ao templo e o entregou ao Senhor (1 Samuel 1:27-28). Que coração! Ela recebeu a bênção e, em gratidão, devolveu ao Doador.

A história de Ana nos ensina que a espera pode ser um lugar de encontro com Deus. É ali, no silêncio da expectativa, que aprendemos a confiar. A ansiedade tenta nos fazer correr, controlar, apressar. Mas Deus nos convida a esperar nele. "Esperei com paciência no Senhor, e ele se inclinou para mim e ouviu o meu clamor" (Salmo 40:1). Esperar em Deus não é uma espera passiva, mas uma espera ativa, cheia de fé. É como abrir as mãos e dizer: "Senhor, eu confio em ti. Mesmo sem ver a resposta, eu sei que o Senhor está trabalhando."

Na nossa espera, podemos entregar nossos anseios ao Senhor, sabendo que ele é fiel. Ana nos mostra que é possível ter paz mesmo enquanto esperamos. E mais: ela nos mostra que a resposta de Deus muitas vezes supera nossas expectativas. Quando finalmente confiamos, a ansiedade se acalma e a espera deixa de ser um fardo.

Você pode estar em uma espera agora. Pode ser um tempo difícil, uma fase de incertezas, em que a ansiedade parece aumentar a cada dia. Mas lembre-se: o mesmo Deus que ouviu o clamor de Ana ouve o seu. Ele vê suas lágrimas, suas orações silenciosas, seus suspiros profundos. E ele tem o poder de transformar a espera em um tempo de crescimento e confiança.

Então, ao invés de deixar a ansiedade consumir sua alma, siga o exemplo de Ana. Derrame seu coração diante do Senhor, confie em seus propósitos e entregue a ele o que está em suas mãos. A espera pode até continuar, mas a paz que vem de saber que Deus está no controle fará com que seu semblante mude, assim como o de Ana. A ansiedade não precisa ditar as regras; Deus, sim, está no comando. E ele é bom.

No fim, quando a resposta finalmente chegar, você poderá olhar para trás e ver que, durante a espera, Deus estava te moldando, fortalecendo e preparando o seu coração. E, assim como Ana, você poderá dizer: "Por este motivo, eu esperei no Senhor, e ele me ouviu."

Capítulo 6: Quando o passado pesa

O passado... Ele pode ser como uma sombra que nos persegue, um fardo que carregamos nas costas, mesmo quando queremos seguir em frente. As lembranças vêm como ondas inesperadas, trazendo de volta momentos, palavras, erros e dores que preferíamos esquecer. E com essas lembranças, a ansiedade se infiltra, nos fazendo questionar: "Será que eu sou mesmo digno do futuro que Deus prometeu?"

José, um dos personagens mais marcantes da Bíblia, conhecia bem o peso do passado. Sua história começa com sonhos grandiosos – ele tinha visões de ser alguém importante, de liderar. Vendido como escravo pelos próprios irmãos, jogado em uma prisão por um crime que não cometeu, José viveu uma sequência de situações que, para muitos, seria motivo suficiente para desistir. Imagine a quantidade de pensamentos ansiosos que poderiam ter se instalado em sua mente enquanto estava confinado na prisão egípcia.

A traição de seus irmãos, a injustiça que sofreu, a solidão das noites na prisão. Tudo isso poderia tê-lo destruído por dentro. Mas há algo incrível em José: ele não permitiu que o passado determinasse seu futuro. A ansiedade sobre o passado pode ser como uma tempestade constante, nos dizendo que nunca seremos livres daquilo que aconteceu. Mas José nos mostra que é possível entregar essas dores a Deus e permitir que ele nos transforme.

Depois de anos de incerteza e sofrimento, José foi elevado a uma posição de destaque no Egito, tornando-se o braço direito de Faraó. Agora, ele tinha poder e influência, mas também estava diante de uma escolha difícil. Seus irmãos, aqueles que haviam jogado sua vida na escuridão, vieram até ele em busca de ajuda, sem reconhecer quem ele realmente era (Gênesis 42). O que você faria?

A ansiedade pode sussurrar em nosso ouvido: "Não os perdoe. Eles merecem sofrer como você sofreu. Não se esqueça do que eles fizeram." O passado muitas vezes tenta ditar as regras do presente. José, naquele momento, estava em uma encruzilhada entre a vingança e o perdão, entre ser escravo de seu passado ou ser livre para viver o futuro que Deus lhe havia preparado.

Então, José tomou uma decisão surpreendente. Ele revelou sua identidade aos seus irmãos e, ao invés de puni-los, escolheu perdoá-los. "Agora, pois, não vos entristeçais, nem vos pese aos vossos olhos haver-me vendido para cá; porque, para preservação da vida, Deus me enviou adiante de vós" (Gênesis 45:5). Que resposta! José enxergou além da dor e das feridas do passado. Ele viu que Deus tinha um propósito maior em meio àquilo tudo. A ansiedade sobre o passado perdeu seu poder quando José entendeu que Deus estava conduzindo sua história, mesmo através das traições e injustiças.

Nós também carregamos feridas e memórias que nos prendem ao passado. Pessoas que nos feriram, escolhas erradas, momentos que gostaríamos de apagar. A ansiedade nos faz revisitar esses acontecimentos, como um filme que se repete em nossa mente, nos deixando presos a um ciclo de culpa, mágoa e ressentimento. Mas José nos ensina algo essencial: o passado não define o nosso futuro quando o colocamos nas mãos de Deus.

A decisão de José de perdoar seus irmãos foi como quebrar as correntes que o mantinham preso ao passado. Ele poderia ter escolhido alimentar o ressentimento, mas, ao contrário, ele escolheu confiar que Deus tinha um propósito maior. E isso é o que pode transformar a nossa ansiedade em paz. Quando olhamos para trás e entregamos nossos erros, dores e fracassos a Deus, encontramos a liberdade para avançar.

É interessante notar que, quando José se reconcilia com seus irmãos, ele chora. «Então José se apressou, porque seu coração se moveu por seus irmãos; e buscou onde chorar, e entrou no seu quarto e chorou ali» (Gênesis 43:30). Isso nos mostra que perdoar e deixar o passado para trás não significa ignorar a dor. Significa reconhecer a dor, chorar por ela, e então entregá-la a Deus para que ele faça algo novo.

O passado pode ser uma âncora que nos prende em um lugar de ansiedade e medo. Mas, em Cristo, o passado pode se tornar um trampolim para um futuro de restauração e graça. José, ao perdoar, mostrou que não era mais escravo do que havia acontecido com ele. Ele era um instrumento de Deus para um propósito maior. O passado não era mais uma prisão; era um testemunho do poder de Deus para transformar dor em propósito.

E quanto a nós? Como lidamos com o passado que pesa em nosso coração? A Bíblia nos diz: "Não vos lembreis das coisas passadas, nem considereis as antigas. Eis que faço uma coisa nova; agora sairá à luz; porventura não a percebeis?" (Isaías 43:18-19). Deus nos convida a soltar a âncora do passado e a confiar nele para escrever uma nova história. Não se trata de esquecer o que aconteceu, mas de entregar o que aconteceu nas mãos daquele que pode fazer novas todas as coisas.

Se há ansiedade sobre o passado em seu coração hoje, lembre-se da história de José. Lembre-se de que Deus está acima das traições, dos erros, das injustiças. Ele tem o poder de transformar o que era dor em cura, o que era mágoa em perdão, o que era escuridão em luz. Ao entregar o passado a Deus, você se liberta para viver o presente com gratidão e o futuro com esperança.

José escolheu olhar para seus irmãos não como inimigos, mas como parte do plano maior de Deus. Ele viu além da traição e enxergou o propósito divino em sua jornada. Você também pode fazer essa escolha. O passado pode até ter marcado sua vida, mas em Cristo, essas marcas se tornam parte da história de redenção que Deus está escrevendo em você.

Portanto, quando o passado pesar e a ansiedade tentar afogar sua esperança, siga o exemplo de José. Coloque tudo diante de Deus. Chore se for preciso, sinta a dor, mas não se prenda a ela. Deus pode usar até mesmo as partes mais dolorosas da sua história para realizar algo novo e belo em sua vida. Deixe o passado para trás e caminhe rumo ao futuro que Deus tem para você, um futuro de paz, restauração e propósito.

Capítulo 7: O peso das responsabilidades

Responsabilidades. Elas chegam sem aviso, se acumulam sobre nós, e, de repente, estamos caminhando curvados sob o peso das expectativas, das obrigações e das pressões que nos cercam. A ansiedade cresce à medida que percebemos quantas tarefas temos, quantas pessoas dependem de nós e quantas decisões precisamos tomar. A vida pode parecer um vasto mar de responsabilidades, onde cada onda carrega uma nova preocupação, afundando o nosso ânimo e alimentando a ansiedade. Jeremias, o profeta, conhecia bem esse peso. Chamado desde jovem para anunciar a palavra de Deus a Israel, ele enfrentou a enorme responsabilidade de pregar a verdade a um povo que não queria ouvi-lo. Imagine ter que proclamar mensagens de juízo e destruição a uma nação que te rejeita, zombando de suas palavras. Jeremias, sem dúvida, sentiu o fardo da responsabilidade ao lidar com as reações hostis e a solidão em sua missão. "Ah, Senhor Deus! Eis que não sei falar, porque sou uma criança" (Jeremias 1:6). Mesmo antes de começar, ele já se sentia sobrecarregado. Não é assim que nos sentimos às vezes? Carregamos tantas responsabilidades – trabalho, família, amigos, estudos, igreja – e, de repente, parece que estamos prestes a desmoronar. A ansiedade nos invade quando acreditamos que é nossa responsabilidade manter tudo funcionando, que só nós podemos fazer as coisas darem certo. Cada nova tarefa se torna uma pedra em nossa mochila, até que o peso parece insuportável. Jeremias, diante do fardo de sua missão, teve momentos em que se sentiu no limite. "Por que nasceu eu para ver trabalho e tristeza, para que se consumam os meus dias na vergonha?" (Jeremias 20:18). Ele não hesitou em desabafar com Deus, confessando o peso que carregava. E foi nesse momento de vulnerabilidade que ele encontrou consolo na presença divina. Deus não deixou Jeremias sozinho em sua missão. Mesmo quando parecia que tudo estava contra ele, Deus estava ali, sustentando-o. "Não temas diante deles, porque Eu sou contigo para te livrar" (Jeremias 1:8). Deus, em essência, estava dizendo a Jeremias: "Você não precisa carregar tudo sozinho. Eu estarei contigo." Que alívio! O peso das responsabilidades se torna mais leve quando entendemos que não precisamos enfrentar tudo por conta própria. Muitas vezes, nossa ansiedade cresce porque acreditamos que somos os únicos responsáveis por resolver todos os problemas e atender a todas as expectativas. Queremos ser fortes e dar conta de tudo. Mas Deus nunca nos chamou para carregar esses fardos sozinhos. Ele conhece nossas limitações e, assim como fez com Jeremias, ele nos oferece sua própria presença para suportar o peso das responsabilidades e nos guia em cada passo. Jeremias teve que aprender a confiar. Ele precisou deixar de lado a ideia de que tudo dependia dele. E muitas vezes tropeçamos aí. A ansiedade nos engana, fazendo-nos crer que precisamos ser super-heróis, que o mundo vai desmoronar se não estivermos no controle de tudo. Mas a verdade é que somos humanos, frágeis, dependentes. E está tudo bem admitir isso. Jesus, durante seu ministério, fez um convite que ecoa até hoje: "Vinde a Mim, todos os que estais cansados e oprimidos, e eu vos aliviarei. Tomai sobre vós o meu jugo, e aprendei de mim, que sou manso e humilde de coração; e encontrareis descanso para as vossas almas" (Mateus 11:28-29). Que convite maravilhoso! Jesus não nos chama para carregar o fardo das responsabilidades sozinhos. Ele nos oferece o descanso que nasce da confiança nele e da humildade em reconhecer nossas limitações. Pense em um rio cheio de pedras. A água, ao invés de tentar empurrar todas as pedras, simplesmente contorna, seguindo seu curso. Nós também precisamos aprender a contornar as pedras das responsabilidades, fluindo com a graça de Deus. Isso não significa fugir das nossas obrigações, mas sim entender que não precisamos ser os únicos a carregar o peso. Quando reconhecemos nossos limites e levamos nossas preocupações a Deus, ele nos dá sabedoria para delegar, pedir ajuda e, acima de tudo, confiar nele. Deus cuidou de Jeremias, fortalecendo-o em meio às suas lutas e dificuldades, e ele também cuida de nós, colocando pessoas ao nosso redor – amigos, familiares, irmãos de fé – para nos ajudar nas responsabilidades da vida. A ansiedade se dissolve quando entendemos que Deus não nos pede para sermos onipotentes; Ele nos convida a depender dele. O peso das responsabilidades é real, mas ele se torna mais leve quando paramos de tentar carregar tudo sozinhos. Jeremias aprendeu isso na prática. Ele enfrentou a oposição e o desprezo, mas não estava sozinho; Deus estava com ele. O mesmo acontece conosco. Quando abrimos o coração e permitimos que outros nos ajudem, experimentamos um alívio inesperado. E mais: Jesus não apenas divide o peso conosco; Ele nos ensina a descansar em meio às responsabilidades. Seu convite de "tomar o seu jugo" é um convite para caminhar ao seu lado, sob sua direção. O jugo, um instrumento usado para unir dois bois, simboliza nossa união com ele. Não estamos sozinhos. Ele caminha ao nosso lado, ensinando-nos a equilibrar as responsabilidades e a encontrar descanso em sua presença. Se hoje você se sente sobrecarregado, faça como Jeremias. Leve suas preocupações a Deus. Confesse que o peso é grande demais para você sozinho. Permita que Deus lhe mostre quem pode ajudar. E, acima de tudo, aceite o convite de Jesus para descansar. Ele está ao seu lado, pronto para dividir o fardo e te guiar em cada passo. O peso das responsabilidades pode ser grande, mas não é maior que o Deus que está com você. A ansiedade perde força quando reconhecemos que não precisamos ser suficientes, pois Ele é. O descanso não está em dar conta de tudo, mas em confiar naquele que tem tudo sob controle. Assim como um rio encontra seu curso em meio às pedras, você também encontrará paz ao confiar suas responsabilidades nas mãos de Deus.

Capítulo 8:
A voz interior

Ah, a voz interior! Ela surge do nada, como um sussurro persistente, repetindo frases que não queremos ouvir: "Você não vai conseguir... E se tudo der errado? Por que as coisas nunca dão certo para você?" Essa voz, que muitas vezes parece ecoar de um lugar profundo dentro de nós, pode ser uma fonte constante de ansiedade. Ela nos coloca em uma espiral de pensamentos negativos, nos fazendo questionar nossa capacidade, nosso valor, e até mesmo a presença de Deus em nossa vida.

Elias, um dos maiores profetas do Antigo Testamento, conhecia muito bem essa luta interna. Ele foi o homem que, com uma simples oração, fez fogo descer do céu e consumir o holocausto diante dos profetas de Baal (1 Reis 18). Ele era corajoso, ousado, cheio de fé. Mas, logo depois dessa vitória espetacular, algo aconteceu. A rainha Jezabel ameaçou matá-lo, e Elias, tomado pelo medo e pela ansiedade, fugiu para o deserto. "Basta; toma agora, ó Senhor, a minha alma, pois não sou melhor do que meus pais" (1 Reis 19:4). Que mudança drástica! De um profeta cheio de poder para um homem abatido, exausto e dominado por uma voz interior que o dizia para desistir.

Já se sentiu assim? Um dia você está confiante, pronto para enfrentar o mundo, e no dia seguinte, um pensamento de dúvida invade sua mente como uma nuvem escura. A ansiedade se alimenta dessa voz interior que sussurra palavras de derrota, medo e insuficiência. Ela nos faz focar em nossas fraquezas, em nossas limitações, até o ponto em que não conseguimos mais enxergar o que Deus é capaz de fazer.

Elias se isolou. Ele se afastou de todos e, embaixo de um zimbro, pediu a Deus para tirar sua vida. A voz interior o havia convencido de que ele estava sozinho, de que seu trabalho como profeta não tinha valor, de que ele era um fracasso. Isso é algo que a ansiedade faz: nos isola, nos faz acreditar que estamos sozinhos em nossa dor. A mente se torna um campo de batalha onde, muitas vezes, perdemos a esperança e nos afundamos no silêncio ensurdecedor da nossa própria insegurança.

Mas Deus não abandonou Elias naquele momento. Ao invés de repreendê-lo, o Senhor enviou um anjo para fortalecê-lo. "Levanta-te e come, porque o caminho te será muito longo" (1 Reis 19:7). Deus sabia que Elias precisava de descanso, de sustento físico e emocional. Ele não esperava que Elias superasse a ansiedade por si mesmo; ao invés disso, Ele se aproximou, cuidou, e renovou suas forças. Às vezes, a primeira coisa que precisamos diante da voz interior da ansiedade é reconhecer que não precisamos lutar sozinhos.

Após aquele momento de descanso e alimentação, Deus conduziu Elias a uma caverna. E ali, no silêncio, aconteceu algo extraordinário. O Senhor disse a Elias: "Sai para fora, e põe-te neste monte perante o Senhor" (1 Reis 19:11). Um vento forte passou, mas o Senhor não estava no vento. Depois, um terremoto, mas o Senhor também não estava no terremoto. Em seguida, um fogo, mas o Senhor não estava no fogo. E, finalmente, veio uma voz mansa e suave. Ali, na brisa tranquila, Deus falou a Elias (1 Reis 19:12).

Essa é uma imagem poderosa. A voz da ansiedade muitas vezes vem como um vento forte, um terremoto interno, um fogo que nos consome. Mas a voz de Deus é diferente. Ela é suave, calma, uma brisa que acalma o caos da mente. Elias precisava aprender a discernir essa voz em meio ao barulho de sua própria ansiedade. E o mesmo vale para nós. No meio dos pensamentos que nos sufocam, existe uma voz suave que nos chama para a paz, para a quietude, para a confiança.

A voz interior da ansiedade não desaparece da noite para o dia. É uma batalha constante. Mas, assim como Elias, precisamos aprender a ouvir a voz de Deus no meio da tempestade. Precisamos aprender a distinguir entre os gritos da ansiedade e o sussurro do Espírito Santo que nos lembra quem somos em Deus. Ele nos lembra que somos amados, que não estamos sozinhos, que o nosso valor não está no que fazemos, mas em quem pertencemos.

Quando Deus falou com Elias, Ele o lembrou de que não estava sozinho. "Também deixei em Israel sete mil; todos os joelhos que não se dobraram a Baal" (1 Reis 19:18). Elias achava que era o único, mas Deus mostrou que havia um plano maior, um povo que também estava de pé. A ansiedade nos faz sentir isolados, como se fôssemos os únicos enfrentando certas lutas. Mas Deus nos lembra que há uma comunidade, um povo, e que ele está no controle, mesmo quando nossos pensamentos dizem o contrário.

O que essa história nos ensina é que a voz de Deus é mais poderosa do que a voz da ansiedade. Ela não vem para nos pressionar, para nos sobrecarregar, mas para nos confortar e nos fortalecer. Enquanto a ansiedade nos coloca em um ciclo de preocupação e medo, a voz de Deus nos traz de volta à paz e à perspectiva correta.

Talvez você esteja em uma caverna agora, lutando contra a voz interior que diz que você não é suficiente, que nada vai dar certo, que Deus se esqueceu de você. Mas Deus está aí, bem perto, com sua voz suave, sussurrando ao seu coração: "Eu estou contigo. Levanta-te, pois há um caminho adiante."

A história de Elias nos mostra que mesmo os mais fortes e cheios de fé podem enfrentar momentos de ansiedade e dúvida. Não se trata de ser perfeito, mas de aprender a ouvir a voz de Deus no meio do caos. É como estar em um mar agitado, mas ouvir ao longe o som tranquilo de um farol. Ele te guia, mesmo quando tudo ao seu redor parece escuro e tempestuoso.

Então, quando a voz interior começar a gritar, lembre-se da caverna de Elias. Lembre-se de que Deus não se manifesta nos gritos e nas tempestades internas, mas na brisa suave que fala ao seu coração. Ele está te dizendo que você não está sozinho, que ele conhece seu medo, sua angústia, e está pronto para te renovar. A ansiedade pode tentar te calar, mas a voz de Deus tem a última palavra – e ela é cheia de paz, esperança e vida.

Capítulo 9:
Perdido na multidão

Já se sentiu perdido no meio de uma multidão? Não importa quantas pessoas estejam ao seu redor, há momentos em que a sensação de invisibilidade nos envolve. É como se ninguém pudesse enxergar o que realmente estamos passando. Essa sensação de estar perdido entre tantas faces, tantos olhares, pode ser um gatilho poderoso para a ansiedade. A mente se pergunta: "Será que alguém realmente se importa? Será que Deus me vê em meio a todo esse caos?"

Zaqueu, o cobrador de impostos, conhecia esse sentimento. Sua história é narrada no Evangelho de Lucas (Lucas 19:1-10). Ele era um homem de estatura baixa e, apesar de sua riqueza, havia algo em seu interior que o fazia se sentir pequeno, insignificante. Seu trabalho como cobrador de impostos o tornava odiado por muitos. As pessoas o olhavam com desprezo, como alguém que havia traído seu próprio povo. Não é difícil imaginar como a ansiedade poderia encontrar um lar em seu coração.

Então, um dia, Jesus passou por Jericó, e Zaqueu, mesmo com toda a sua reputação, ansiava por vê-Lo. Mas havia um problema: a multidão. Aquela maré de gente à sua frente bloqueava sua visão. Era como a própria vida de Zaqueu – um emaranhado de dificuldades, preconceitos e julgamentos que o impediam de ver além daquilo que o cercava. Ele estava perdido na multidão, tanto fisicamente quanto em sua alma.

Mas Zaqueu não desistiu. Ele correu à frente e subiu em uma figueira brava, buscando uma maneira de enxergar Jesus. Que cena! Um homem de posição, rico, desprezado por muitos, subindo em uma árvore como uma criança, movido pela curiosidade e pelo desejo de algo maior. Era como se, por um instante, ele deixasse de lado sua ansiedade e insegurança para alcançar um vislumbre de esperança.

E então aconteceu algo surpreendente. Jesus, no meio daquela multidão, parou e olhou para cima, diretamente para Zaqueu. "Zaqueu, desce depressa, pois me convém pousar em tua casa hoje" (Lucas 19:5). Que momento poderoso! Zaqueu, que pensava ser invisível, foi chamado pelo nome. No meio da multidão, Jesus viu Zaqueu. E não apenas o viu; Ele o conheceu, chamou-o pelo nome e se dispôs a entrar em sua casa, em sua vida, em seu caos.

Aqui, encontramos uma verdade que desafia a voz da ansiedade: Deus nos vê. Mesmo quando nos sentimos perdidos entre a multidão de preocupações, medos e expectativas, ele nos conhece intimamente. A ansiedade tenta nos convencer de que somos apenas mais um rosto entre muitos, que nossos problemas não são importantes o suficiente para atrair a atenção divina. Mas, assim como Zaqueu, somos vistos por Deus em meio à confusão da vida.

A resposta de Zaqueu foi imediata. Ele desceu da árvore com alegria e recebeu Jesus em sua casa. Imagine a cena: um homem que, até poucos minutos atrás, estava escondido no meio da multidão, agora era o centro da atenção de Jesus. As pessoas ao redor começaram a murmurar: "Ele entrou para ser hóspede de um homem pecador" (Lucas 19:7). Mas a opinião da multidão não importava. O que importava era que Zaqueu havia sido encontrado por Jesus.

A ansiedade muitas vezes nos coloca nessa posição: escondidos, inseguros, temerosos de sermos vistos e julgados. Preferimos ficar na "árvore", longe do olhar crítico dos outros. Mas, ao mesmo tempo, desejamos ser notados, aceitos, amados. Zaqueu nos ensina que é possível deixar a multidão para trás e aceitar o convite de Jesus, que nos chama pelo nome e se importa com o que estamos passando.

Jesus não se impressionou com a riqueza de Zaqueu, nem com sua posição. Ele olhou para além das aparências e viu um homem com um coração inquieto, perdido na busca por algo que o dinheiro não podia comprar. Ao chamar Zaqueu pelo nome, Jesus mostrou que a verdadeira cura para a ansiedade de se sentir perdido e invisível está em ser conhecido por Deus. E quando entendemos que Deus nos conhece, o medo da multidão, da rejeição, começa a se dissipar.

Há um detalhe importante nessa história. Quando Jesus entrou na casa de Zaqueu, houve uma mudança. Zaqueu se levantou e disse: "Senhor, eis que dou aos pobres metade dos meus bens; e se em alguma coisa tenho defraudado alguém, o restituo quadruplicado" (Lucas 19:8). A ansiedade que ele carregava foi substituída por um coração disposto a mudar, a reparar erros, a viver de uma maneira diferente.

A presença de Jesus trouxe luz para as trevas da sua alma, e Zaqueu encontrou a coragem para fazer o que antes parecia impossível.

E nós? Muitas vezes, nos escondemos na "árvore" de nossa vida, nos sentindo pequenos e desprezados pela multidão de preocupações. A ansiedade nos diz que nunca seremos suficientes, que nossas lutas são insignificantes diante do mundo. Mas Jesus, assim como fez com Zaqueu, nos chama pelo nome. Ele nos vê, mesmo quando estamos no meio do caos. Ele deseja entrar em nossa "casa", em nosso coração, para transformar a nossa vida.

A ansiedade pode fazer você sentir que está perdido na multidão, mas lembre-se: Jesus está passando. Ele conhece você, vê suas lutas, suas dores, suas dúvidas. Ele te chama pelo nome, te convida a descer da árvore da insegurança e da vergonha para caminhar ao lado dele. A multidão ao redor pode não entender, pode murmurar, mas o que importa é que você é conhecido e amado por Deus.

Quando Zaqueu desceu da árvore e recebeu Jesus, ele experimentou uma transformação que mudou sua história. A mesma coisa pode acontecer conosco. Ao aceitar o olhar de Jesus sobre nossas vidas, a ansiedade de nos sentirmos invisíveis é substituída pela certeza de que somos vistos, conhecidos e amados. E essa certeza traz paz.

Então, quando você se sentir perdido no meio da multidão, lembre-se de Zaqueu. Jesus te vê, te chama, e deseja fazer morada em sua vida. A ansiedade não tem mais poder quando entendemos que não estamos sozinhos. Mesmo em meio a milhares, você é conhecido por aquele que criou as estrelas e conhece cada uma pelo nome. E se ele conhece as estrelas, quanto mais conhece você, com cada detalhe, cada anseio, cada medo?

Deixe que a presença de Jesus traga essa paz ao seu coração. Permita que sua voz silencie a ansiedade e lembre-se: você não está perdido na multidão. Você é achado pelo amor de Deus, que te conhece e te chama para viver uma vida plena em sua companhia.

Capítulo 10:
O medo de fracassar

Fracasso. Uma palavra que pode fazer nosso coração apertar e a mente se encher de dúvidas. O medo de fracassar é como uma sombra que se estende sobre cada decisão, cada escolha. Ele sussurra: "E se você não for bom o suficiente? E se você falhar de novo?" A ansiedade cresce, nos paralisando, nos impedindo de avançar. Ficamos presos em um ciclo de autocrítica e expectativas impossíveis, sempre temendo o momento em que tudo vai dar errado.

Pedro, um dos discípulos de Jesus, viveu essa experiência de forma intensa. Ele era conhecido por ser impulsivo, destemido, o primeiro a se jogar em qualquer situação. Mas, ao mesmo tempo, Pedro conhecia o peso do fracasso. Um dos episódios mais marcantes de sua vida foi quando ele se aventurou a andar sobre as águas. Sim, andar sobre as águas! Um momento de pura fé e coragem. Jesus caminhava sobre o mar, e Pedro, ao vê-Lo, disse: "Senhor, se és tu, manda-me ir ter contigo por sobre as águas" (Mateus 14:28). E Jesus o chamou.

Então, Pedro desceu do barco e começou a caminhar em direção a Jesus. No início, tudo parecia incrível. Ele estava fazendo algo impossível! Mas, de repente, ele olhou ao redor. Viu o vento forte e as ondas agitadas, e o medo o envolveu. O que aconteceu em seguida é algo com que todos podemos nos identificar: Pedro começou a afundar. "Senhor, salva-me!" ele clamou, enquanto a ansiedade e o medo o puxavam para baixo (Mateus 14:30).

Não é assim que nos sentimos às vezes? Começamos uma nova jornada – um projeto, um relacionamento, um ministério – cheios de coragem e esperança, mas, quando as dificuldades aparecem, o medo do fracasso nos domina. As ondas da dúvida nos cercam, e a ansiedade cresce, dizendo que não vamos conseguir. O pensamento de afundar nos paralisa, e, como Pedro, nos vemos mergulhando em um mar de preocupações.

A reação de Jesus, porém, é a chave para entendermos como lidar com o medo do fracasso. No mesmo instante em que Pedro clamou, Jesus estendeu a mão e o segurou. "Homem de pequena fé, por que duvidaste?" (Mateus 14:31). Que cena poderosa! Jesus não o deixou afundar. Ele não esperou Pedro se recompor ou mostrar mais fé antes de socorrê-lo. Ele simplesmente o alcançou, porque sabia que Pedro precisava de Sua ajuda.

Essa é a verdade que a ansiedade tenta esconder: não é o nosso desempenho que define nosso valor ou nossa segurança. Não é sobre quantas vezes conseguimos caminhar sobre as águas sem afundar. É sobre quem está lá para nos segurar quando tropeçamos. O medo do fracasso nos faz acreditar que, se falharmos, seremos rejeitados, criticados, vistos como fracos. Mas Jesus nos mostra que Ele está ao nosso lado, pronto para nos levantar quando o medo nos derruba.

Após ser salvo por Jesus, Pedro e Ele voltaram ao barco, e o vento cessou. Esse detalhe é significativo.

Jesus não apenas resgatou Pedro do afogamento, mas o levou de volta ao lugar seguro. O fracasso de Pedro em caminhar sobre as águas não o afastou de Jesus; pelo contrário, tornou-se uma oportunidade para ele experimentar o cuidado e a presença do Senhor de uma maneira nova e profunda.

A ansiedade sobre o fracasso muitas vezes nos impede de dar passos ousados. Ela nos prende no barco, dizendo: "É melhor ficar onde você está. Pelo menos aqui você não vai se afundar." Mas a história de Pedro nos ensina que, mesmo quando falhamos, Jesus está pronto para nos resgatar. O fracasso não é o fim; é uma parte do processo de crescimento e da jornada de fé.

Há outro momento em que Pedro enfrentou o medo do fracasso, desta vez de maneira ainda mais dolorosa. Na noite em que Jesus foi traído, Pedro, que havia prometido lealdade inabalável, negou conhecer Jesus três vezes. A cena se desenrola como um pesadelo: Pedro, confrontado pelo medo, diz que não conhece o Mestre (Lucas 22:54-62). E, ao perceber o que tinha feito, ele saiu e chorou amargamente. O fracasso parecia definitivo, e a ansiedade do que poderia ter sido se transformou em uma dor insuportável.

Mas, mais uma vez, Jesus não abandonou Pedro em seu fracasso. Após a ressurreição, Jesus foi ao encontro de Pedro. Ele não o condenou, não o afastou. Ao invés disso, fez uma pergunta simples e cheia de significado: "Pedro, tu me amas?" (João 21:15). Com essa pergunta, Jesus ofereceu a Pedro uma nova chance, uma restauração. Ele estava mostrando que o fracasso não tinha a última palavra; o amor e a graça de Deus, sim.

O medo de fracassar é uma armadilha da ansiedade. Ele nos faz esquecer que somos humanos, falíveis, e que a caminhada da fé é feita de tropeços e recomeços. Mas, assim como Jesus esteve com Pedro, ele está conosco. Ele estende sua mão quando afundamos e nos dá novas oportunidades quando erramos. O fracasso, no fim das contas, é uma oportunidade para experimentarmos o amor e a graça de Deus de uma maneira que não poderíamos entender se tudo fosse sempre perfeito.

Então, quando o medo do fracasso te assombrar, lembre-se de Pedro. Lembre-se de que Jesus não espera que você caminhe sobre as águas sem nunca afundar. Ele sabe que o vento é forte, que as ondas são altas, e que você vai ter momentos de dúvida. Mas ele está lá, sempre. Sua mão está estendida, pronta para te segurar e te levar de volta ao lugar seguro.

E se o medo de fracassar tenta te impedir de tentar, olhe para o amor de Jesus. Ele te chama para sair do barco, para dar passos de fé, não porque você será perfeito, mas porque ele estará com você, em cada sucesso e em cada tropeço. O fracasso não é um inimigo a ser evitado a todo custo; é um professor que nos lembra da nossa humanidade e da graça infinita de Deus.

A ansiedade pode te sussurrar que você não é bom o suficiente, que é melhor não tentar, que afundar é o pior que pode acontecer. Mas a voz de Jesus te diz: "Venha. Eu estou aqui. E mesmo que você afunde, eu estarei ao seu lado para te levantar." Essa é a certeza que nos liberta do medo do fracasso. Sabemos que, no fim das contas, não é sobre quão bem conseguimos andar sobre as águas, mas sobre quem está lá para nos segurar quando caímos.

Capítulo 11: A luta com as expectativas

Expectativas. Como elas podem ser pesadas! Muitas vezes, são como uma maratona que corremos sem nunca alcançar a linha de chegada. Carregamos as nossas expectativas, as dos outros, e as do mundo ao nosso redor. Queremos que tudo saia conforme o planejado, que a vida se desenrole exatamente como imaginamos. Mas, quando a realidade não se encaixa em nossos planos, a ansiedade nos toma. Ficamos presos no "E se as coisas não saírem como eu espero?" ou "Por que não está acontecendo como deveria?"

Abraão e Sara são exemplos bíblicos que ilustram essa luta com as expectativas. Eles receberam uma promessa de Deus: seriam pais de uma grande nação. No entanto, o tempo passou, e nada acontecia. Sara era estéril, e a idade avançava. A ansiedade crescia enquanto a promessa parecia cada vez mais distante. Onde estava o filho prometido? Quando a promessa se realizaria?

É nesse ponto que as expectativas se tornam um campo minado. Sara, como muitos de nós, começou a se questionar. «Talvez devamos ajudar a promessa a se cumprir,» pensou ela. Foi então que, em meio à sua ansiedade, ela sugeriu a Abraão que tomasse sua serva, Agar, para ter um filho em seu lugar (Gênesis 16:1-2). Que decisão complicada! A ansiedade de ver a promessa não cumprida levou Sara a tentar resolver a situação do seu jeito.

Quantas vezes não fazemos o mesmo? Quando nossas expectativas não se realizam no tempo ou da forma que esperamos, começamos a procurar maneiras de tomar o controle. "Se Deus não está agindo, talvez eu deva fazer algo." E assim, mergulhamos em escolhas que, muitas vezes, só aumentam a ansiedade. É como tentar empurrar um rio na direção oposta: acabamos exaustos e ainda mais preocupados.

A escolha de Sara e Abraão trouxe consequências. Agar deu à luz a Ismael, e a tensão se instalou na família. Sara ficou ressentida, a convivência se tornou difícil, e a ansiedade não desapareceu; ela apenas mudou de forma. A tentativa de tomar as rédeas da situação gerou mais problemas, mostrando que a solução à força não trouxe paz. Isso é algo que a ansiedade faz conosco: nos leva a agir de maneiras precipitadas, tentando forçar resultados, apenas para descobrir que o controle estava fora do nosso alcance o tempo todo.

Mas Deus, em sua infinita paciência e graça, não se esqueceu da promessa feita a Abraão e Sara. Apesar das falhas, ele reafirmou Sua palavra. "Certamente voltarei a ti, por este tempo da vida, e Sara tua mulher terá um filho" (Gênesis 18:10). E, finalmente, no tempo certo, Sara deu à luz a Isaque, o filho prometido (Gênesis 21:1-2). A realização da promessa veio não por força humana, mas pelo cumprimento da palavra de Deus.

Aqui está uma verdade fundamental: as expectativas que colocamos sobre nós mesmos, sobre os outros e até mesmo sobre Deus podem se tornar uma fonte de ansiedade quando tentamos controlar os resultados. Queremos que tudo aconteça dentro do nosso cronograma, e quando isso não ocorre, somos levados a agir por impulso. Mas a história de Abraão e Sara nos lembra de que Deus opera no seu tempo e à sua maneira.

A ansiedade tenta nos convencer de que precisamos forçar as coisas a acontecerem. Ela nos faz acreditar que, se não agirmos, tudo vai desmoronar. Mas Deus nos convida a confiar nele, a entregar nossas expectativas e aceitar que nem tudo acontecerá como planejamos. Isso não significa desistir dos sonhos ou das promessas, mas aprender a descansar na certeza de que Deus é fiel e sabe o que é melhor para nós.

Lembre-se de que, quando Isaque nasceu, ele trouxe alegria e realização à vida de Sara. Ela mesma disse: "Deus me deu riso; e todo aquele que ouvir se rirá comigo" (Gênesis 21:6). As lágrimas da espera, da ansiedade, das expectativas frustradas foram transformadas em riso. Deus não apenas cumpriu sua promessa, mas fez isso de uma forma que trouxe uma alegria inesperada.

E, às vezes, é isso que precisamos lembrar: o tempo de Deus é perfeito. Podemos não entender os atrasos ou os desvios no caminho, mas ele vê o quadro completo. Nossas expectativas podem ser limitadas pelo que conseguimos imaginar ou planejar, mas Deus sempre tem um propósito maior. Ele trabalha em nós durante a espera, moldando nosso caráter, aprofundando nossa fé e nos ensinando a confiar em seu amor.

A luta com as expectativas é real e constante. Queremos respostas rápidas, queremos ver as coisas acontecerem no nosso tempo. Mas quando entregamos nossas expectativas nas mãos de Deus, encontramos paz. É como largar um peso enorme que carregamos nas costas. Não significa que tudo acontecerá como esperamos, mas sim que podemos confiar que, seja qual for o resultado, Deus está no controle e nos conduzirá pelo melhor caminho.

Talvez você esteja enfrentando um período em que suas expectativas parecem frustradas. A ansiedade aumenta, e o impulso de agir por conta própria cresce. Lembre-se de Abraão e Sara. Eles também tentaram resolver a situação com suas próprias mãos, mas, no final, foi Deus quem cumpriu a promessa no tempo certo. O que parecia impossível se tornou realidade, e eles aprenderam que a palavra de Deus é mais forte do que qualquer plano humano.

Quando as expectativas parecerem esmagadoras e a ansiedade tomar conta, volte-se para Deus. Faça como o salmista: "Entrega o teu caminho ao Senhor; confia n'Ele, e Ele tudo fará" (Salmo 37:5). Abra mão do controle. Entregue suas preocupações, seus planos, seus "E se?" nas mãos daquele que sabe o que é melhor. Confie que Ele está trabalhando, mesmo quando não vemos.

Deixe que o tempo de Deus traga riso e alegria à sua vida, assim como fez com Sara. A ansiedade perde seu poder quando reconhecemos que não precisamos carregar o fardo das expectativas sozinhos. Podemos descansar na certeza de que Deus é fiel e suas promessas se cumprirão, não porque forçamos, mas porque ele é Deus.

Capítulo 12: Ansiedade coletiva

A ansiedade, muitas vezes, é vista como uma luta individual, algo que enfrentamos em silêncio, dentro de nós. No entanto, existem momentos em que a ansiedade se espalha como um fogo em meio à palha seca, atingindo não apenas um indivíduo, mas um grupo inteiro – seja uma família, uma comunidade, ou até mesmo uma sociedade. Essa é a ansiedade coletiva. Ela se manifesta em tempos de crise, incerteza ou quando as circunstâncias ao nosso redor parecem estar fora de controle. De repente, as preocupações de um se tornam as preocupações de muitos, e a atmosfera se enche de tensão e medo.

Os discípulos de Jesus experimentaram esse tipo de ansiedade em um episódio que ilustra perfeitamente como o medo pode se espalhar. Certa vez, Jesus os convidou para atravessar o Mar da Galileia. Enquanto eles navegavam, Jesus adormeceu no barco. E então, veio a tempestade. Ondas altas e ventos furiosos jogavam o barco de um lado para o outro. Os discípulos, mesmo sendo pescadores experientes, ficaram apavorados. A ansiedade tomou conta de todos, como uma sombra que se espalha rapidamente, obscurecendo toda a esperança (Marcos 4:35-41).

No meio daquele caos, a ansiedade coletiva tomou forma. Eles correram até Jesus, gritando em pânico: "Mestre, não te importa que pereçamos?" (Marcos 4:38). Não era apenas um ou dois discípulos em desespero; todos estavam unidos em um sentimento comum de medo. E isso é o que muitas vezes acontece conosco. Em momentos de crise, quando uma situação foge do nosso controle, a ansiedade se propaga como uma epidemia. De repente, todos à nossa volta parecem estar na mesma maré de preocupações, e o ambiente se torna pesado, opressivo.

Mas, mesmo em meio àquela tempestade, Jesus estava ali. Ele se levantou, repreendeu o vento e disse ao mar: "Acalma-te, aquieta-te!" E imediatamente, o vento cessou e houve grande bonança (Marcos 4:39). A resposta de Jesus foi poderosa e simples. No auge do pânico coletivo, Ele trouxe calma e paz. Isso nos ensina uma lição profunda: a presença de Jesus tem o poder de acalmar até mesmo a mais feroz das ansiedades, sejam elas individuais ou coletivas.

É fácil se deixar levar pela ansiedade coletiva. Quando vemos todos ao nosso redor preocupados e aflitos, é natural que sejamos contagiados por esse sentimento. Mas a história dos discípulos no barco nos mostra que há um caminho diferente. Em meio ao pânico, há uma voz que pode acalmar a tempestade. A presença de Jesus é o ponto de estabilidade no meio do caos.

Quando Jesus se voltou para os discípulos, Ele fez uma pergunta simples, mas profunda: "Por que sois tão tímidos? Ainda não tendes fé?" (Marcos 4:40). Essa pergunta nos faz refletir. Quando estamos no meio de uma situação difícil, cercados pela ansiedade coletiva, nossa tendência é olhar para as ondas, para o vento, para tudo que está fora do nosso controle. Mas Jesus nos convida a olhar para ele, para confiar nele.

A ansiedade coletiva nos lembra que somos humanos, que o medo é parte da nossa experiência. Porém, também nos dá uma oportunidade de nos unirmos em fé. No barco, os discípulos estavam juntos, enfrentando a mesma tempestade. Da mesma forma, quando a ansiedade nos atinge coletivamente, podemos escolher nos unir em oração, em apoio mútuo, e principalmente em fé, lembrando que Jesus está no barco conosco.

Em nossas vidas, existem tempestades que chegam sem aviso. Pode ser uma crise financeira, um problema familiar, ou até mesmo um momento de incerteza global. Todos são afetados, e a ansiedade se instala como um vento frio que varre nossos corações. Mas, no meio disso, há uma verdade inabalável: Jesus está no barco. Ele não está distante ou alheio ao que estamos passando. Ele vê o nosso medo, ouve nosso clamor, e tem o poder de trazer calma para o caos.

Quando Jesus acalmou a tempestade, os discípulos ficaram maravilhados e se perguntaram: "Quem é este, que até o vento e o mar lhe obedecem?" (Marcos 4:41). Esse é o ponto central. O mesmo Jesus que acalmou o mar está conosco hoje. Ele é maior do que qualquer tempestade, maior do que qualquer crise, e tem o poder de transformar nossa ansiedade coletiva em paz.

Há um segredo para lidar com a ansiedade coletiva: lembrar quem está no barco conosco. Não se trata de negar a realidade da tempestade ou fingir que não estamos com medo. Trata-se de reconhecer que, apesar das circunstâncias, Jesus está presente. Sua presença muda tudo. Ele é o Príncipe da Paz, aquele que tem o poder de silenciar os ventos mais violentos e trazer tranquilidade ao nosso coração.

Quando a ansiedade coletiva te envolver, quando a tempestade parecer intensa demais, faça como os discípulos: vá até Jesus. Mesmo que suas palavras sejam cheias de medo e dúvida, chame por ele. Permita que sua presença se torne o ponto de calma em meio à agitação. Não precisamos ser corajosos o tempo todo. Podemos ter medo, podemos nos sentir perdidos. Mas podemos confiar que Jesus é a âncora que nos mantém firmes.

E mais do que isso, podemos ser um reflexo da calma de Jesus para aqueles ao nosso redor. Em meio à ansiedade coletiva, nossa fé pode se tornar uma fonte de encorajamento para os outros. Ao nos voltarmos para Jesus e encontrarmos paz nele, podemos compartilhar essa paz com quem está próximo. Podemos ser um lembrete vivo de que, independentemente da tempestade, há esperança, há segurança.

Portanto, quando você estiver em meio a uma tempestade coletiva, lembre-se desta história. Jesus está no barco. Ele está contigo e com aqueles ao seu redor. A ansiedade pode rugir como um vento forte, mas a voz de Jesus é mais poderosa. "Acalma-te, aquieta-te." Essa é a promessa para nós. Ele não apenas nos acalma individualmente, mas também nos convida a encontrar paz juntos, como comunidade, em sua presença.

A ansiedade coletiva perde seu poder quando nos voltamos para Jesus, o Príncipe da Paz. Ele é aquele que, com uma única palavra, pode transformar o pânico em quietude. Então, não se deixe afogar pelas ondas do medo. Olhe para Aquele que está no barco com você e confie que ele é capaz de acalmar qualquer tempestade.

Capítulo 13: Aceitando nossas limitações

Aceitar nossas limitações. Que tarefa difícil! Vivemos em uma sociedade que valoriza o desempenho, a perfeição e a constante superação. Somos bombardeados por mensagens que dizem que devemos ser fortes, capazes, e que falhar não é uma opção. Não é de se surpreender que a ansiedade cresça quando tentamos manter esse padrão irreal. Afinal, somos humanos, e os seres humanos têm limites. E está tudo bem.

Paulo, o apóstolo que escreveu grande parte do Novo Testamento, conhecia bem essa realidade. Ele era um homem zeloso, incansável em seu trabalho para o Evangelho, e experimentou revelações poderosas. No entanto, Paulo também tinha uma limitação, algo que ele descreve como "um espinho na carne" (2 Coríntios 12:7). Não sabemos exatamente o que era esse espinho – pode ter sido uma doença, uma perseguição constante ou um tipo de fraqueza pessoal. O importante é que esse espinho era algo que o incomodava, o tornava consciente de suas próprias limitações.

Como muitos de nós, Paulo desejava ser livre de suas fraquezas. Ele orou três vezes para que Deus o livrasse desse espinho (2 Coríntios 12:8). Ele queria ser capaz de servir a Deus sem aquele peso, aquela dificuldade constante. Quem pode culpá-lo? Quando enfrentamos nossas limitações, nossa primeira reação é querer eliminá-las, superá-las. A ansiedade nos faz pensar que só seremos felizes, completos, e suficientes se formos fortes em todas as áreas.

Mas a resposta de Deus a Paulo foi surpreendente e transformadora: "A Minha graça te basta, porque o Meu poder se aperfeiçoa na fraqueza" (2 Coríntios 12:9). Que resposta! Deus não removeu o espinho; em vez disso, ofereceu a Paulo algo muito maior – Sua graça. Ele revelou que a força de Paulo não dependia de sua capacidade de se livrar de suas fraquezas, mas de sua capacidade de confiar no poder de Deus em meio a elas.

Essa é uma verdade que precisamos aprender: nossas limitações não nos desqualificam, não nos tornam menos dignos ou menos amados. Elas nos lembram que somos humanos e que dependemos da graça de Deus. A ansiedade frequentemente cresce quando nos recusamos a aceitar nossas fraquezas, quando tentamos ser mais do que podemos ser. Queremos ser perfeitos, autossuficientes, mas Deus nos chama a um lugar de humildade e dependência.

Paulo entendeu essa lição. Depois de receber a resposta de Deus, ele declarou: "De boa vontade, pois, me gloriarei nas minhas fraquezas, para que em mim habite o poder de Cristo" (2 Coríntios 12:9). Que mudança de perspectiva! Em vez de lutar contra suas limitações, ele começou a se alegrar nelas, porque foi através delas que ele experimentou a presença e o poder de Cristo de uma maneira mais profunda.

É um pensamento contraintuitivo, não é? Alegrar-se nas fraquezas. Mas é exatamente isso que a graça de Deus nos ensina. Quando aceitamos nossas limitações, estamos, na verdade, abrindo espaço para que Deus aja em nós e através de nós. A ansiedade diminui quando deixamos de lutar contra quem somos e começamos a confiar que Deus nos ama e nos usa, mesmo com nossas falhas e imperfeições.

Nossas limitações são como rachaduras em um vaso de barro. À primeira vista, podem parecer defeitos, algo a ser escondido ou consertado. Mas é através dessas rachaduras que a luz brilha. Da mesma forma, é em nossas fraquezas que a glória e o poder de Deus se manifestam de forma mais evidente. Quando aceitamos que não precisamos ser perfeitos, experimentamos uma liberdade incrível. Podemos ser honestos sobre nossas falhas, nossas lutas, e encontrar descanso na graça de Deus.

Se hoje você se sente pressionado por suas limitações, se a ansiedade cresce ao pensar que você não é bom o suficiente, lembre-se da resposta de Deus a Paulo: "A Minha graça te basta." A graça de Deus é suficiente. Ela é tudo o que precisamos para viver, crescer e servir, mesmo em meio às nossas falhas. Não precisamos ser tudo; podemos descansar no fato de que Deus é tudo em nós.

Aceitar nossas limitações é um ato de fé. É reconhecer que não precisamos ser perfeitos para sermos amados e usados por Deus. Ele conhece nossas fraquezas, e é nelas que seu poder se aperfeiçoa. A ansiedade perde seu poder quando deixamos de tentar ser fortes o tempo todo e, em vez disso, nos rendemos à graça de Deus. É na fraqueza que experimentamos a verdadeira força – a força que vem do Senhor.

Paulo aprendeu a se gloriar em suas fraquezas porque entendeu que era nelas que a presença de Cristo se manifestava com mais poder. O mesmo vale para nós. Nossas limitações não são um problema a ser resolvido, mas uma oportunidade para experimentarmos a profundidade do amor e do poder de Deus. Quando reconhecemos nossas limitações e as entregamos a Ele, encontramos um descanso que a ansiedade jamais pode nos oferecer.

Então, da próxima vez que a ansiedade te lembrar de suas fraquezas, responda como Paulo: "Quando sou fraco, então é que sou forte" (2 Coríntios 12:10). Deixe que a graça de Deus preencha as lacunas da sua vida. Não há problema em ter limitações. Não há problema em não dar conta de tudo. Deus nos chama a aceitar nossas fraquezas, não para sermos derrotados por elas, mas para que, nelas, possamos experimentar a Sua força.

Capítulo 14: Os "e se" da vida

Ah, os "E se". Esses pequenos pensamentos que surgem sorrateiros e logo se transformam em uma avalanche de dúvidas. "E se eu falhar? E se as coisas não derem certo? E se eu tomar a decisão errada?" A ansiedade encontra um terreno fértil nesses questionamentos, levando-nos a temer um futuro que nem sequer conhecemos. É como se, a cada "E se", nos encontrássemos presos em um labirinto mental, tentando prever e controlar todas as possibilidades.

A rainha Ester conhecia bem essa tensão. Sua história, registrada no livro de Ester, é marcada por uma decisão que trazia consigo uma série de riscos e dúvidas. Quando o povo judeu foi ameaçado de extermínio pelo decreto do rei Assuero, Ester, que havia sido escolhida rainha, se viu diante de uma encruzilhada. Seu primo Mordecai a encorajou a se apresentar diante do rei para interceder por seu povo. Mas havia um problema: segundo a lei, ninguém podia se aproximar do rei sem ser chamado, sob pena de morte, a menos que o rei estendesse seu cetro para a pessoa (Ester 4:11).

Imagine os "E se" que devem ter passado pela mente de Ester: "E se o rei não estender o cetro? E se eu morrer? E se o meu pedido não for atendido?" A ansiedade teria motivos de sobra para paralisá-la. Afinal, o resultado era incerto, e a situação carregava um perigo real. Mas, mesmo com todos esses pensamentos pesando em sua mente, Ester tomou uma decisão que mudou tudo.

Ester pediu que o povo judeu jejuasse por três dias, e então disse: "Eu irei ter com o rei, ainda que não seja segundo a lei; e se perecer, pereci" (Ester 4:16). Que palavras poderosas! Ester não negou os riscos. Ela reconheceu a realidade do seu medo e dos possíveis resultados. Mas, ao invés de ficar presa nos "E se", ela se entregou à confiança em Deus.

Aqui está uma lição para todos nós: os "E se" da vida sempre estarão presentes. Eles são parte de ser humano, parte da nossa necessidade de entender e controlar o que está por vir. Mas a ansiedade cresce quando tentamos prever e controlar todos os possíveis cenários ao invés de confiar em Deus. Ester nos ensina que, em vez de paralisarmos diante das incertezas, podemos tomar a decisão de agir com fé e coragem.

Depois de três dias, Ester se apresentou diante do rei. A tensão era palpável. A sala do trono estava em silêncio enquanto ela aguardava a reação do rei. Então, algo surpreendente aconteceu: o rei estendeu o cetro para Ester, permitindo que ela se aproximasse (Ester 5:2). Com essa simples ação, todos os "E se" que atormentavam sua mente foram dissipados. A presença de Deus estava com ela, e o que parecia impossível se tornou possível.

Os "E se" da vida frequentemente nos fazem esquecer que Deus está no controle. Queremos garantias, queremos saber que tudo dará certo, e quando isso não é possível, a ansiedade se instala. Mas a história de Ester nos lembra que, quando entregamos nossas incertezas a Deus e agimos com coragem, ele abre caminhos onde não vemos saídas.

Depois de se aproximar do rei, Ester expôs a trama contra seu povo e, através de um processo que envolveu sabedoria e paciência, conseguiu reverter o decreto de extermínio. O povo judeu foi salvo. Tudo porque Ester escolheu não se prender aos "E se", mas confiar que Deus estava com ela, mesmo quando o futuro era incerto.

E isso é algo que precisamos levar para a nossa própria vida. Os "E se" virão, mas eles não precisam nos controlar. Podemos reconhecê-los, sentir a tensão que eles trazem, mas, ao mesmo tempo, podemos entregá-los nas mãos de Deus. A ansiedade nos diz que precisamos prever cada detalhe, evitar cada erro, mas Deus nos diz: "Confia em Mim, mesmo quando você não conhece o caminho."

Os "E se" são inevitáveis, mas eles não precisam determinar nossas ações. Quando olhamos para a história de Ester, vemos que o passo mais importante que ela deu não foi entrar na sala do trono, mas sim o momento em que ela decidiu confiar. Sua confiança em Deus a capacitou a agir com coragem, a ir além do medo do desconhecido e a fazer o que precisava ser feito.

Talvez você esteja enfrentando uma situação cheia de "E se" agora mesmo. E se você tomar a decisão errada? E se as coisas não saírem como planejado? E se o resultado for diferente do que você espera? O convite de Deus para você é o mesmo que Ester aceitou: entregue seus "E se" a ele. Ele não promete um caminho livre de riscos, mas promete Sua presença em cada passo da jornada.

A ansiedade pode tentar te prender em um ciclo de dúvidas, mas você pode escolher confiar em Deus. Faça o que está ao seu alcance, busque sabedoria, ore, e então deixe os resultados nas mãos dele. Os "E se" não desaparecem magicamente, mas eles perdem seu poder quando confiamos que Deus está escrevendo nossa história.

No fim, Ester se tornou um exemplo de fé e coragem para todo o seu povo. Sua história mostra que, quando nos rendemos a Deus, os "E se" se transformam em oportunidades para que ele revele seu poder e Seu cuidado. A ansiedade se dissolve quando reconhecemos que, mesmo que não conheçamos o futuro, conhecemos aquele que o sustenta.

Portanto, da próxima vez que os "E se" da vida começarem a se acumular em sua mente, lembre-se de Ester. Lembre-se de que você pode escolher agir com coragem e confiança, sabendo que Deus está com você. Os "E se" podem ser assustadores, mas a voz de Deus é mais forte, dizendo: "Eu sou contigo. Avance, e confie que eu cuidarei do restante."

Capítulo 15: Descansando na soberania de Deus

Descansar. Essa palavra pode parecer quase impossível para quem vive no turbilhão da ansiedade. Nossa mente está sempre preocupada com o que pode acontecer, com as decisões que precisamos tomar, com o controle que tentamos desesperadamente manter. A ansiedade nos impulsiona a estar constantemente em alerta, temendo que algo dê errado ou saia do nosso controle. No entanto, é justamente nesse estado de inquietação que somos chamados a descansar na soberania de Deus.

Jesus, em seu ministério, frequentemente convidava seus seguidores a esse lugar de descanso. Ele dizia: "Não andeis ansiosos pelo dia de amanhã, porque o amanhã cuidará de si mesmo. Basta a cada dia o seu próprio mal" (Mateus 6:34). Ele sabia que, quando tentamos carregar o peso do futuro em nossos ombros, a ansiedade nos consome. Mas Jesus nos oferece uma maneira diferente de viver – um convite para confiar na soberania do Pai, que sabe do que precisamos antes mesmo de pedirmos.

Um dos momentos mais profundos em que a soberania de Deus se manifesta é no jardim do Getsêmani. Jesus, prestes a enfrentar a cruz, estava em intensa angústia. Ele sabia o que estava por vir: a traição, o sofrimento, a separação. Ele orou com uma sinceridade que nos toca profundamente: "Meu Pai, se é possível, passa de mim este cálice; todavia, não seja como Eu quero, mas como tu queres" (Mateus 26:39). Que momento incrível de rendição! No auge da ansiedade e da dor, Jesus escolheu descansar na vontade do Pai.

Jesus não negou sua dor ou seu medo. Ele expressou seus sentimentos e desejos de maneira transparente. Mas, ao final, entregou o controle nas mãos do Pai. Isso nos ensina algo profundo: descansar na soberania de Deus não significa ignorar nossas preocupações ou fingir que tudo está bem. Significa reconhecer nossas limitações, sentir nossas emoções e, então, confiar que Deus tem um plano maior, mesmo quando não conseguimos entendê-lo.

A ansiedade tenta nos convencer de que precisamos estar no controle de tudo. Ela nos diz que, se deixarmos as coisas nas mãos de Deus, pode não sair como queremos. Mas o descanso verdadeiro surge quando entendemos que Deus é soberano, que ele conhece o começo, o meio e o fim, e que seus planos são sempre melhores do que os nossos. É como uma criança que, após um dia cheio de aventuras, se rende aos braços do pai, confiando que ali, naquele lugar, ela está segura.

O profeta Jeremias nos traz uma promessa que ecoa essa confiança: "Eu é que sei os pensamentos que tenho a vosso respeito, diz o Senhor; pensamentos de paz e não de mal, para vos dar o fim que esperais" (Jeremias 29:11). Deus sabe. Ele conhece cada detalhe, cada incerteza, cada medo que carregamos. Sua soberania não é distante ou fria; é cheia de amor, de cuidado, de um plano perfeito para nossas vidas.

Mas como, na prática, podemos descansar na soberania de Deus? O segredo está em confiar e entregar. Quando nos encontramos em meio à ansiedade, a primeira reação é tentar resolver tudo por nós mesmos. No entanto, o convite de Deus é para que entreguemos nossas preocupações a ele. "Lançando sobre ele toda a vossa ansiedade, porque ele tem cuidado de vós" (1 Pedro 5:7). É um ato de fé, uma decisão consciente de dizer: "Deus, eu confio em ti. Eu descanso no fato de que o Senhor está no controle, mesmo quando eu não estou."

Descansar na soberania de Deus também envolve reconhecer que nem sempre entenderemos o que ele está fazendo. Jesus, no Getsêmani, não recebeu uma explicação detalhada do que aconteceria após a cruz. Mas ele sabia que podia confiar no coração do Pai. Da mesma forma, não precisamos ter todas as respostas ou ver todo o caminho à nossa frente. Podemos descansar na certeza de que Deus sabe o que é melhor e que ele está agindo em cada detalhe, mesmo nos bastidores.

Há uma paz indescritível em saber que Deus é soberano. Isso não significa que não enfrentaremos dificuldades ou que a ansiedade desaparecerá como mágica. Mas significa que, em meio às lutas, temos um refúgio seguro. Podemos nos lembrar das palavras de Jesus: "Vinde a Mim, todos os que estais cansados e oprimidos, e eu vos aliviarei" (Mateus 11:28). Esse é o convite para descansar, para deixar de lutar contra a correnteza da ansiedade e simplesmente nos entregarmos ao cuidado d'Aquele que nos ama incondicionalmente.

Quando descansamos na soberania de Deus, experimentamos uma liberdade incrível. É como deixar um peso cair dos ombros. Percebemos que não precisamos ter tudo sob controle, porque ele tem. Nossas vidas estão nas mãos daquele que nos formou, que nos conhece profundamente e que nos guia com amor.

E sabe o que é mais lindo? Mesmo quando falhamos em confiar, mesmo quando nos pegamos tentando tomar o controle novamente, Deus continua ao nosso lado, nos chamando para voltar ao lugar de descanso. Ele é paciente, compreensivo, e sua soberania não depende da nossa capacidade de confiar. Ele permanece fiel, conduzindo-nos com amor.

Então, quando a ansiedade vier e os "E se" começarem a se formar em sua mente, lembre-se de quem está no controle. Descansar na soberania de Deus é como se abrigar em uma rocha firme no meio de uma tempestade. As ondas podem bater, o vento pode soprar, mas você está seguro. A paz que você busca não está em resolver todos os problemas, mas em saber que o Deus que criou o universo cuida de você e da sua vida.

E, no fim, descansar na soberania de Deus nos leva a uma conclusão poderosa: não importa o que aconteça, ele está conosco. Seja na alegria ou na tristeza, no sucesso ou no fracasso, ele continua soberano, fiel e presente. É nesse lugar de entrega que a ansiedade perde seu poder e a paz de Deus, que excede todo entendimento, guarda o nosso coração e a nossa mente em Cristo Jesus (Filipenses 4:7).

Chegamos ao fim desta jornada, uma caminhada através das histórias, desafios e experiências que nos revelam que a ansiedade é uma parte natural da nossa humanidade. Talvez, ao longo destas páginas, você tenha se visto refletido em Moisés, que se sentiu sobrecarregado pelas responsabilidades; em Ester, que enfrentou o medo do desconhecido; ou em Paulo, que teve que aceitar suas próprias limitações. Todos eles, em suas lutas, encontraram em Deus a força e a paz que ultrapassam todo entendimento.

A ansiedade continuará sendo uma presença em nossas vidas. Ela não desaparece magicamente ao final deste livro, e não há uma solução rápida para as complexidades que carregamos no coração. No entanto, o que aprendemos juntos é que não estamos sozinhos. Deus está conosco, não para nos livrar de todos os problemas, mas para caminhar ao nosso lado, nos segurando quando tropeçamos e nos oferecendo Seu descanso quando estamos exaustos.

As Escrituras nos mostram que não é a ausência de dificuldades que nos traz paz, mas a certeza de que, em todas as situações, há um Deus que nos ama e cuida de nós. Ele nos chama a lançar sobre ele todas as nossas ansiedades, porque Ele tem cuidado de nós (1 Pedro 5:7). Ele nos convida a viver uma vida que reconhece nossas fraquezas, mas que confia na força de Sua graça.

Você pode não ter todas as respostas para os "E se" da vida, e isso está tudo bem. Pode ser que o medo ainda tente te paralisar em certos momentos, e a pressão para atender a todas as expectativas ainda esteja presente. Mas agora, você sabe que a verdadeira paz não vem de tentar controlar todas as coisas, mas de confiar no Deus que está no controle.

Aceitar nossas limitações, descansar na soberania de Deus, e entregar a ele nossas preocupações – essas são as chaves para navegar pela ansiedade com uma nova perspectiva. Não precisamos ser perfeitos, e não precisamos ter tudo sob controle. Podemos ser vulneráveis diante de Deus, sabendo que é precisamente nas rachaduras de nossos vasos que a sua luz brilha com mais intensidade.

Então, qual será o seu próximo passo? A jornada continua, e a cada dia somos convidados a lançar sobre Deus nossas preocupações e descansar em suas promessas. Pode ser que você enfrente novas tempestades, novas incertezas, mas lembre-se: Aquele que acalma os mares está com você. Você pode não saber como serão os dias à frente, mas sabe quem estará ao seu lado em cada um deles.

Minha oração é que este livro tenha sido uma fonte de consolo e encorajamento para você. Que, ao enfrentar a ansiedade, você possa se lembrar de que não está sozinho, e que o amor de Deus é maior do que qualquer medo. Ele te conhece, te chama pelo nome, e deseja que você viva na liberdade e na paz que somente ele pode dar.

Que você siga em frente, não com a expectativa de eliminar todos os medos, mas com a confiança de que há um Deus que segura sua mão. E que, ao se deparar com as ansiedades da vida, você possa sempre encontrar refúgio na certeza de que, em Deus, mesmo as fraquezas se tornam lugares de força e vitória.

O fim deste livro é apenas o começo de um novo caminho com Deus. Caminhe com ele, confie nele e saiba que, em todos os momentos, Sua graça é suficiente para você.

Minhas anotações